María Zambrano

(Vélez-Málaga, 1904-Madrid, 1991).
Ensayista y filósofa española.

Discípula de José Ortega y Gasset, Xavier Zubiri y Manuel García Morente, fue una de las figuras capitales del pensamiento español del siglo XX.

Profesora en la Universidad Complutense de Madrid, se exilió al término de la Guerra Civil y ejerció su magisterio en universidades de México, donde impartió seminarios en la Universidad de San Nicolás de Hidalgo, en Michoacán, en la que empieza a escribir su libro: *Filosofía y poesía* (1939); de Cuba, donde formó parte del grupo Orígenes al cual pertenecieron José Lezama Lima, Eliseo Diego, Cintio Vitier y Fina García Marruz, entre otros, creando la revista del mismo nombre que divulgó una de las más altas formas de pensamiento de la época, del cual incluso participó Wallace Stevens; y de Puerto Rico. Tras residir en Francia y Suiza, regresó a España en 1984.

En 1981 recibe el Premio Príncipe de Asturias de Comunicación y Humanidades, y en 1988, el Cervantes.

En su amplísima producción destacan *La confesión, género literario y método* (1943), *El pensamiento vivo de Séneca* (1944), *La agonía de Europa* (1945), *Hacia un saber sobre el alma* (1950), *El hombre y lo divino* (1955), *España, sueño y verdad* (1965), *El sueño creador* (1965), *La tumba de Antígona* (1967), *El nacimiento. Dos escritos autobiográficos* (1981), *De la Aurora* (1986), *Senderos* (1986), *Delirio y destino* (1988) y *Los sueños y el tiempo* (1992), entre otros.

Isla de Puerto Rico

Segunda edición: septiembre, 2017

© María Zambrano, 1940
© del prólogo, Rogelio Blanco, 2017

Al cuidado de la edición: Equipo Vaso Roto.

© Vaso Roto Ediciones, 2017
España
C/ Alcalá 85, 7º izda.
28009 Madrid
México
Humberto Lobo 512 L 301
Col. Del Valle
San Pedro Garza García, N.L., 66220

vasoroto@vasoroto.com
www.vasoroto.com

Dibujo de cubierta: Víctor Ramírez

Printed in UK - Impreso en el Reino Unido

ISBN: 978-84-947401-4-5
BIC: DNF

María Zambrano
Isla de Puerto Rico
Nostalgia y esperanza de un mundo mejor

Prólogo de Rogelio Blanco

Vaso Roto / Ediciones

Islitas de esperanza
Terra ignota et locus amoenus homini

María Zambrano viaja por primera vez al continente americano en septiembre de 1936, recién casada, acompañando a su esposo, el historiador Alfonso Rodríguez Aldave, hacia su nuevo destino en la Embajada española de Santiago de Chile. Durante el viaje realiza una breve escala en La Habana, momento en el que disfruta de un importante encuentro, que no quedará ahí, con Lezama Lima. Sólo dos años después, a causa del discurrir dramático de la guerra fraticida en España y asumiendo la pérdida de las comodidades del destino diplomático en el país andino, el matrimonio decide regresar por estimar que en suelo español sus fuerzas eran más necesarias. En la breve estancia chilena, no obstante, María Zambrano dispuso de tiempo para promover las letras hispanas, para establecer relaciones con intelectuales y para buscar apoyos a favor de la causa republicana.

Hacia el final de la guerra, en enero de 1939, y al igual que numerosos españoles, emprende el camino de un largo exilio de más de cuarenta años. Francia (en varias ocasiones), México (Morelia), Cuba (en varias etapas), Italia, Suiza (última estancia antes de regresar a España en 1984) y Puerto Rico fueron los países de acogida de la filósofa. En este vaivén, unas veces estuvo acompañada por su marido, de quien pronto se divorciaría, otras por su madre, por amigos y, sobre todo, por su hermana Araceli, aunque la mayor parte del exilio sus verdaderas compañías fueron sus numerosas responsabilidades, la soledad, la escasez material y la angustia.

Tras una breve estancia en Morelia, se instala en La Habana, Cuba, el 1 de enero de 1940 hasta junio de 1953.[1] Desde allí realizará viajes con retorno a Europa y a Puerto Rico. A partir de 1953, Francia, Suiza y España serán sus países de residencia. A pesar de su regreso a Europa, mantiene una relación epistolar viva con sus amigos americanos (Lezama Lima, Octavio Paz, Cintio Vitier y Fina García Marruz) y con numerosos exiliados españoles. De igual modo son abundantes sus colaboraciones en prensa o revistas especializadas americanas, entre las que destacan las cubanas *Orígenes* y *Bohemia* y las puertorriqueñas *Semana*, *Caribe*, *Río Piedras*, *Escuela*, *Educación*, *Asomante* y *La Torre*. Estas colaboraciones fueron un modo de lograr recursos para aminorar la penuria económica

---

1 ELIZALDE FERNÁNDEZ, María I., «16 cartas de María Zambrano a Waldo Frank», *Revista de Hispanismo filosófico*, nº 17, 2012, págs. 115-139. En varias de estas cartas, Zambrano refiere a Frank la incomodidad sufrida en Morelia. En la carta nº 5 escribe: «No volveré a México, sufrí mucho allí. Morelia es una tumba donde estuve a punto de enloquecer». María aspiraba a ejercer la docencia en México D. F.; no fue posible. Culpabiliza a Bergamín como «cabeza más visible». «Ya sabe usted, ya usted sabe –escribe a W. Frank–, a quién obedecen y cómo exigen de cada uno de aquellos que ayudan la entrega de lo mejor, es decir, de la independencia».

en la que se hallaba, además de dar salida a sus inquietudes intelectuales expresadas en escritos, pues la escritura era su máxima dedicación.

La presencia de Zambrano en Puerto Rico fue por mor de sus compromisos docentes en la Universidad de Río Piedras y se centra en las siguientes fechas:

-1940. En abril es invitada por el Departamento de Estudios Hispánicos y la Asociación de Mujeres graduadas para impartir las conferencias «Séneca y el estoicismo español» y «El pensamiento de Ortega y Gasset»; en el Ateneo de Puerto Rico habla sobre «Don Miguel de Unamuno y su obra», y lo mismo hace en otras instituciones culturales.

-1941-1942. Es contratada durante el curso académico como catedrática de Ciencias Sociales y como profesora invitada en un curso de verano (1941). Continúan las conferencias en el Ateneo.

-1943. Breve estancia docente en la Universidad de Puerto Rico.

-1945. De nuevo es invitada como profesora en los cursos de verano para impartir doce conferencias sobre «Historia del pensamiento español».[2]

---

2 Estos datos están recogidos del manuscrito nº 315-5 de María Zambrano depositado en la fundación homónima (Vélez-Málaga) y que lleva por título «Currículo vital de la (?) María Zambrano Alarcón». Debajo de (?) o tachadura se lee «doctora», grado académico que nunca alcanzó la filósofa; también se sigue el artículo del profesor Sebastián Fenoy: «María Zambrano en Puerto Rico», *Revista República de las Letras*, nº 89, págs. 104-105, y los datos que aporta Jesús Moreno en la antología crítica de Zambrano: *La razón en la sombra*, Ed. Siruela, Madrid, 2004.

El profesor Sebastián Fenoy se pregunta por los altibajos de la presencia de Zambrano en tierras borinqueñas, a la vez que da referencias de las dificultades para lograr visados de entrada por parte de Estados Unidos; el autor apunta como causa el compromiso de la filósofa con la República española.

En fechas recientes se publican las cartas de María Zambrano a Waldo Frank.[3] En diez misivas da cuenta de las dificultades para impartir clase en la Universidad de Puerto Rico a pesar de los contactos de los que dispone. Escribe a Waldo Frank: «... un grupo de profesores ha propuesto que me quede un año enseñando filosofía en la Universidad. Pero está regida por una Junta de Síndicos, y tienen recelo porque soy "roja" y española y creen que todo español intelectual va a avivar la hoguera del independentismo. Y no es cierto... A mí me gustaría ir de profesora, podría hacer una labor en la Universidad y tendría un año de tranquilidad económica, pero el canciller, creo, teme que mi presencia sea peligrosa para Estados Unidos ¿No le hace gracia?» (carta nº 8). Y en la siguiente –carta nº 9–, le confiesa que «la Junta de Síndicos rechazó mi nombramiento (...) porque algunos de los componentes me declaró "enemiga de la democracia"». Zambrano suplica la intervención de Waldo Frank ante las autoridades norteamericanas. El resultado de las gestiones de su amigo sólo devuelve resultados parciales: cortas visitas,

---

3 ELIZALDE FERNÁNDEZ, María I., *op.cit*. Las cartas enumeradas del 7 al 16, remitidas desde La Habana entre el 13 de abril de 1940 y el 23 de enero de 1941 son las que más datos aportan sobre Puerto Rico y María Zambrano.

conferencias, mas no la ansiada permanencia de María en Puerto Rico.

Las razones para las negativas vuelven a ser espurias y banales, máxime en el caso de una defensora de «la democracia frente al totalitarismo», de alguien que defiende la fortaleza de la democracia frente a la opinión de los fascistas sobre su debilidad. Por otro lado, en esta obra, *Isla de Puerto Rico*, Zambrano hace una defensa de América del Norte siempre que se mantenga vinculad a la del sur y en una relación de igualdad, y el lugar perfecto para el encuentro es esta isla: un lugar en el que, desde «el fracaso de nuestro pasado de españoles y desde la angustia de nuestro presente de europeos, nace, surgiendo por sí misma, en secreto como siempre lo hace, la esperanza. La esperanza de un pasado mejor convertido en porvenir. La esperanza de que aquello que no fuimos, ni tuvimos, en el presente germine. Pues no podría ser esperanza auténtica la que no cuente con el presente, con lo actual. Por eso la esperanza corre al porvenir, porque quiere salvar al pasado y al presente juntos» (pág. 52).

Según estas confesiones, la pretendida consideración de «amenaza» por parte de Zambrano no se sostiene. En este caso también busca responsables: «En Puerto Rico mandan en realidad mis compatriotas falangistas que tienen dinero y de quienes prácticamente, económicamente, dependen en sus negocios algunos síndicos de la Universidad. El canciller teme por mi calidad de española contraria, a su modo de ver, a la posición de Estados Unidos en Puerto Rico. Pero mi labor es, ha sido, contraria, no porque [sic] yo no simpatice con la independencia de Puerto Rico, sino porque en estos momentos a más de ser suicida,

hay otras cosas en el mundo mucho más importantes [...].
Lo que hay que salvar hoy es la libertad que vale mucho
más que la independencia [...] tengo tanto empeño en vol-
ver allí porque me quieren y me necesitan» (carta nº 9).
En anotación manuscrita al margen añade: «Dicen q. fui
comunista. Vd. me vio. ¡Voilá, y ando así! Ud. sabe? Por
no haberme doblegado al grupo de Negrín en México
[sic]». Ejercer la docencia y conseguir visados cada vez era
más difícil. Además de a los «falangistas», señala las tra-
bas ejercidas por varios compatriotas, entre ellos Federico
Onís (carta nº 5) o los propios docentes, ante la posible
competencia que Zambrano pudiera ofrecer dada la alta
audiencia que convocaba cuando intervenía (carta nº 13).

La dificultad se agrava a partir de 1945, ya que una vez
acabada la Segunda Guerra Mundial e iniciada la Guerra
Fría, las relaciones del Gobierno de Franco con el esta-
dounidense son tensas hasta la siguiente década. El profesor Fenoy, a estas razones, suma el estado de salud de su
hermana Araceli y, sobre todo, el enfrentamiento entre el
rector de la Universidad, Jaime Benítez, y el gobernador
de la isla, el señor Muñoz Marín, ambos firmes rivales
políticos. En un primer momento, Benítez fue el valedor
de Zambrano, pero les distanciaba la actitud pronortea-
mericana, y contraria a la del gobernador Muñoz Marín,
del rector. A María, madrina en la boda del profesor Benítez, sólo le quedan, a partir de 1945, las colaboraciones
en revistas oficiales propiciadas por el Departamento de
Instrucción Pública. Desde estas publicaciones perió-
dicas ejercerá su magisterio y logrará recursos urgentes.
Además de las razones aludidas, se debe reseñar que en los
departamentos docentes de la Universidad puertorriqueña

ejercían varios exiliados españoles, y alguno con relevante responsabilidad utilizó su autoridad para desarrollar impedimentos contra la filósofa andaluza.

La colaboración más activa de Zambrano fue en la revista *Semana*,[4] desde el 9 de octubre de 1963 al 31 de marzo de 1965. Esta publicación, dirigida por Rafael A. Barreto, pertenecía al Departamento de Instrucción Pública, al igual que la revista *Educación*, espacios que recogen numerosos artículos breves, cerca del medio centenar cada una, que versan sobre temas dispares, si bien algunos textos responden a estudios que la filósofa estaba elaborando. No podemos obviar que el «modo Zambrano» de crear, en varias ocasiones, gira a partir de un primer texto nuclear, que ejerce de mandorla, y sobre el que trabaja y renace otro «mayor»; es decir, varios de estos textos «breves» posiblemente fueron seminales y, por tanto, el germen de otros mayores, de ahí su relevancia. Estos, al igual que los aparecidos en 1956 en la revista de la Universidad de Río Piedras (*La Torre*) fueron enviados desde Roma.

En *Delirio y destino*, texto confesional y autobiográfico, nuevamente Zambrano se refiere a su estancia en Puerto Rico: «Llevaba algunas semanas en la isla, en la islita de Puerto Rico, tan frágil, visible toda ella como isla, entre el mar y el cielo, con sólo un poco de tierra, suficiente para sostener el paso del hombre. "Mucho al amor y poco al espacio debe", diría parafraseando a Quevedo.

---

4 La revista *Con Dados de Niebla*, Huelva, 2002, dedicó los números 21 y 22 a la recepción de los artículos que María Zambrano publicó en *Semana*.

La situación humana es tan isleña que asume el espacio y el peso de la tierra, como si todos fuéramos insectos, libélulas, flores, como orquídeas que crecen libremente pendientes de los árboles, con las raíces en el aire, sin necesidad de tierra. Así estaba ella, sostenida tan sólo por el aire, por la vibración de la amistad inolvidable, por aquella trama que la rodea desde el primer instante...».[5]

El texto borinqueño más singular es *Isla de Puerto Rico. Nostalgia y esperanza de un mundo mejor*, publicado en 1940, en La Habana, y dedicado a los recién casados Luz Martínez y Jaime Benítez, el rector de la Universidad, en cuya boda María ejerció de madrina.[6] La obra se imprimió en los talleres de Manuel Altolaguirre y Concha Méndez, la imprenta La Verónica, en el mes de septiembre.[7] El texto se originó tras unas conferencias en el «Círculo» de San Juan, al compartir reflexiones con amigos. Previamente, el diario *El Mundo* de Puerto Rico lo publicó fraccionado en dos partes.[8] Por lo tanto, configurado, a pesar de la brevedad, como texto independiente sólo se publicó en 1940 en La Habana; las posteriores impresiones se formalizan sumando el texto a otros y conformando títulos no definidos por la autora. Es, pues, la presente

---

5 ZAMBRANO, María, *Delirio y destino*, Mondadori, 1989, Madrid, págs. 241-242.

6 VIGUEIRA, Ileana, «Acercamiento a María Zambrano», *Cincuenta años de exilio español en Puerto Rico y el Caribe, 1939-1984*, Ediciones Do Castro, A Coruña, 1991, págs. 335 y ss.

7 BLANCO, Rogelio, «Altolaguirre o la libertad del "arte negro"», *República de las Letras*, nº 93, noviembre, 2005.

8 Diario *El Mundo* de Puerto Rico, 28 de julio de 1940, págs. 4 y 12.

publicación la primera edición en España y la segunda en lengua castellana como texto único, tal como lo concibió María Zambrano en 1940.[9]

Los trece años en los que la vida de Zambrano discurren principalmente en las dos islas caribeñas –Cuba y Puerto Rico– suponen un momento de febril actividad intelectual. En este período pergeña los hilos singulares de su pensamiento tras su distanciamiento y renuncia a la maestría de Ortega y Gasset, el alejamiento de la península y el propio hecho del exilio, que en el caso de una pensadora supone un plus de sufrimiento en pro de la autonomía intelectual ante los vaivenes misóginos escondidos o explícitos de otros compañeros de exilio. No obstante, durante estos años perfila y se compromete con hitos que la singularizan y que se propone desarrollar. Estos verán la luz en publicaciones «mayores» subsiguientes. Entre las singularidades se halla «la razón poética», tema nuclear que irá desarrollando en numerosos escritos, o «las categorías íntimas de la vida, el mundo de lo sagrado», que desarrollará en *El hombre y lo divino*.

La filósofa andaluza describió estos años insulares como la necesaria entrada en «las catacumbas».[10] Zambrano considera el período cristiano de las catacumbas como la noche obscura por la que se debe transitar para llegar a la luz. Y esa noche desea vivirla en las islas para llegar a

---

9 La última revisión se recoge en *Islas*, Verbum, Madrid, 2010. Edición e introducción de Jorge Luis Arcos.

10 Jorge Luis Arcos, en varios textos éditos, desarrolla la idea; así, en la edición de *Islas*, *op. cit.*, págs. xv y ss y en la introducción a la edición de *La Cuba secreta y otros ensayos*, Endymión, 1996, Madrid.

«un mundo mejor» en el que sean reconocibles el hombre y el planeta que habita. Estas «ínsulas extrañas», las catacumbas, permitirán el ascenso, pues están iluminadas por «lámparas de fuego», necesaria ayuda para llegar a la luz.[11]

En este texto, María Zambrano se suma, en parte, a uno de los ejes de la teoría utópica occidental, al insularismo, al aislamiento catárquico necesario para la *peregrinatio* del *homo viator* que conduce a un mundo mejor, a «la ciudad ausente», a la verdadera utopía en la que no «se pese ni pise sobre nada ni nadie». La idea de la insularidad la comparte con Lezama y otros origenistas, e incluso la extiende al territorio español.[12] Así, en la página 33 del texto, Zambrano define a España como una «isla más que península Ibérica».

Por lo tanto, el camino hacia un mundo mejor se describe sin retorno y una vez que la insatisfacción del ya habitado es permanente: en este caso la Europa bélica amenazada. Zambrano busca una alternativa, un *mundus anversus* frente al *perversus*. La propia América ya nació así para los europeos. A finales de la Edad Media, Europa se mostraba agotada. El hombre europeo hubo de diseñar recorridos a un *mundus ignotus*; no en vano América fue antes soñada que descubierta (César Vallejo). Si el

11 El estudioso de la obra de María Zambrano, Jesús Moreno Sanz, desarrolla esta idea en «Ínsulas extrañas, lámparas de fuego: las raíces espirituales de la política en Isla de Puerto Rico», *María Zambrano: la visión más transparente*, Trotta, 2004, págs. 209 y ss.

12 ARCOS, Jorge Luis, *Orígenes: La pobreza irradiante*, Letras cubanas, La Habana, 1994, págs. 80-96. También incluido en *María Zambrano. La visión más transparente, op. cit.*, 2004, págs. 209 y ss.

viaje colombino ya alcanzó las islas caribeñas en el momento preciso, es razonable que volviera a suceder en otro en el que Europa está amenazada por el nazismo y estas «ínsulas extrañas bien pueden convertirse en "lámparas"», en *terra ignota* salutífera. Además de este dualismo e insularidad, hallamos el sentimiento de relicción, la conciencia de crisis social, nada ajena a la filósofa de acuerdo con la circunstancia en la que se halla, frente a la que actúa con una propuesta optimista de esperanza. Son numerosos los textos de Zambrano en los que transita la esperanza, a la que define como yedra, planta vivaz capaz de sobrevivir en duras circunstancias de escasez de tierra y agua. No es un optimismo volitivo, sino arrancado de la esencia del ser humano y de sus posibilidades, de la esperanza de que se deje crecer la yedra en una tierra de compromiso, de ética, en una tierra poética donde las manchas de la sangre desaparezcan y dejen espacio para la luz, como pedía Cervantes en el *Coloquio de los perros*.[13]

Isla de Puerto Rico no es un ensayo utópico al uso moreano; ciertamente, la literatura utópica española, salvo el caso de *Sinapia*, se ha alejado de tal modo, hecho por el que algunos se han aventurado a cuestionar la existencia de tales desarrollos en el país de don Quijote. Sería prolijo enumerar las obras, proyectos y aportaciones al pensamiento utópico desde los diversos géneros y en lengua española. Sea el caso de Zambrano un ejemplo de dispersión, o más bien de presencia reiterada del pensamiento utópico que recorre transversalmente gran parte de su obra y que hace

---

13 BLANCO, Rogelio, «Yedra: utopía de la esperanza», *María Zambrano. La visión más transparente, op. cit.*, págs. 287-309.

uso de varios géneros literarios. Valga como ejemplo *Persona y democracia*, previamente publicado en 1959 en el Departamento de Instrucción Pública puertorriqueño bajo el título *Persona y democracia: la historia sacrificial*, y en otros textos menores, algunos aún inéditos.

De «isla maravillosa» califica Zambrano a Puerto Rico en un texto que consta de dos partes, subdivididas, a su vez, en breves epígrafes: seis la primera y siete la segunda. En la primera parte define el carácter de isla como lugar de privilegio, de esperanza (mas si «la esperanza se dispara» puede ser peligrosa); se refugia en paraísos perdidos, en lugares inexistentes, distópicos, o en repúblicas de evasión, de nostalgia, de moral perfecta, olvidando que el tiempo utópico es el futuro y el espacio, el acá. *En Persona y democracia* afirma que, para que no venza la nostalgia, debe aflorar la democracia, hábitat natural de la persona, lugar en el que los individuos pueden desarrollar su personalidad. En la segunda parte realiza críticas a lo español por lo olvidadizo y amnésico de su pasado, es decir, de sí mismo, de su memoria; por tanto, de su porvenir.

Las posibilidades pueden nacer en la «isla» como tierra firme donde poner el pie para caminar en un mundo «hecho por hombres libres y para hombres libres, por y para la persona humana». Concluye el texto con críticas a una de las «Américas», la del «culto denodado al éxito», lo que se puede llamar «la religión del éxito», «la religión de los resultados» que ofusca la visión. La isla caribeña, en la que suceden las dos Américas, la de un fracasado Imperio español y la del éxito, es una «leve islita [...], cuyo peso poco fatiga a ese gigante que sostiene sobre sus espaldas la tierra, sea el lugar donde todo ello se cuaje». De este modo, la filósofa atisba en Puerto Rico una utopía profética, experiencial y posibilista. Las palabras de la filósofa fueron escuchadas. En la redacción de la Constitución puertorriqueña hay ecos de este texto, así como de *Persona y democracia*. Ciertamente el texto es breve, pero singular, cargado de contenidos y proyecciones, seminal en la obra de la filósofa, de necesaria divulgación y lectura. Según refieren estudiosos de la obra zambraniana, Sebastián Fenoy,[14] José Luis Abellán,[15] y sobre todo Jesús Moreno,[16] investigadores en archivos y por contactos personales existentes de Zambrano en Puerto Rico, la influencia del texto en la futura Constitución puertorriqueña es palmaria; en concreto, en los archivos del que fue gobernador de Puerto Rico entre 1948 y 1964, Muñoz Marín, los editores citados dan cuenta de un documento manuscrito, con correcciones, firmado con las siglas de la filósofa (MZ), cuya caligrafía es delatora, y titulado «Pensando en la democracia», en el que se fijan contenidos recogidos en el texto constitucional de 1952. Por otro lado, la relación de Zambrano con relevantes intelectuales isleños, Nilita Vientós, Elsa Fano y, sobre todo, con el rector Benítez y el gobernador Muñoz Marín, autor de la fórmula constitucional para la isla como «Estado libre asociado», fue viva y eficaz de acuerdo con estas constataciones tan singulares.

Zambrano, que sufrió un largo exilio, desterrada de su patria de origen y aterrada (sin tierra), eligió este mismo

14 Fenoy, Sebastián, *op. cit.*

15 Abellán, José Luis, *El exilio como constante y como categoría*, Biblioteca Nueva, Madrid, 2001, págs. 164 y ss.

16 Moreno Sanz, Jesús, *María Zambrano, la visión más transparente, op. cit.*, págs. 282 y ss.

exilio como patria de destino (José Gaos) a sabiendas de que el lugar del exiliado son las islas; así lo proclama en *Los bienaventurados*: «Las islas, lugar propio del exiliado que las hace sin saberlo allí donde no aparecen», como tabla de esperanza. En su caso existieron las islas como «patria prenatal» y América como espacio propicio para soportar la brega del vivir. Así lo considera en numerosos escritos, aceptándolo como su deambular y su destino, amando su exilio. Pero en este caso, y más allá de lo personal, exige que la «isla maravillosa» sea un espacio ejemplarizante para proponer y concretar soluciones a fin de lograr «un mundo mejor» que sea un modelo mediador entre las «dos Américas», entre el nuevo y el viejo continente, entre las culturas española y anglosajona, basado en la democracia como régimen renovador que habita entre los hilos abiertos y anchos de la espiral, figura flexible frente al círculo perfecto. La espiral recoge y acoge, se enfrenta y es capaz de superar toda crisis, mientras que el círculo es cerrado y homogéneo, cualquier cambio en él conduce a la catástrofe. Estas metáforas geométricas son extensión de la diferencia entre la razón poética o sintiente (Javier Zubiri) y la mecánica a la hora de proyectar el quehacer del hombre en el planeta Tierra.

El segundo elemento, además de la democracia, es la inviolabilidad de los derechos de la persona humana. Persona y democracia son un binomio necesario para «el mundo mejor» que la filósofa reclama y que desea como posible en la «islita maravillosa», Puerto Rico, a fin de salir definitivamente de la «caverna» hacia esos ámbitos de luz necesarios en los que el dios Ares deja de campar a sus anchas definitivamente. Puerto Rico es, en este texto de Zambrano, una esperanza, al igual que Cuba, «patria prenatal», una «isla de luz», para desterrar la abundante sangre derramada por los seres humanos. Y este logro es más que un sueño si la conciencia se halla despierta.

Rogelio Blanco Martínez

Isla de Puerto Rico

A Luis Martínez y Jaime Benítez

Durante mi reciente estancia en Puerto Rico fui gentilmente invitada por el Círculo de Conferencias a pronunciar varias en su recinto. Las últimas hubieron de quedar interrumpidas por causas dolorosas para todos. Desde La Habana no encontré mejor medio para continuar mi comunicación con los amigos que componen este Círculo que escribir sobre un tema apasionante para ellos y para mí, del que habíamos hablado en los mejores momentos en largos paseos por la isla mientras mirábamos el atardecer. Mis palabras son la continuación de aquel diálogo y nada más. Van dirigidas a aquellos amigos, y sólo su lejanía hizo que se estamparan en el papel. Ellos las hicieron publicar en el diario *El Mundo* de San Juan, y ahora su generosidad hace que se editen en estas hojas. Por mi parte sólo quiero que sirvan de testimonio de la honda amistad, amistad creadora, con que me siento unida a ellos, y del recuerdo de los días venturosos de mi estancia en esa isla maravillosa.

I

Isla

Una isla es para la imaginación de siempre una promesa. Una promesa que se cumple y que es como un premio de una larga fatiga. Los continentes parecen haber desempeñado el papel de ser la tierra del trabajo, la morada habitual del hombre tras de su condenación. Las islas, en cambio, aparecen como aquello que responde al ensueño que ha mantenido en pie un esfuerzo duro y prolongado; compensación verdadera, más allá de la justicia, donde la gracia juega su papel. Las islas son el regalo hecho al mundo en días de paz para su gozo.

Pero este carácter de graciosa donación con que las islas se nos muestran en nuestra imaginación espontánea está unido a otro que es como su base: la isla nos parece ser el residuo de algo, el rastro de un mundo mejor, de una perdida inocencia; la sede de algo incorruptible que ha quedado ahí para que algunos afortunados lo descubran. Algo así como el testimonio de que el hombre, la criatura humana, ha sido alguna vez más pura, es decir, más verdadera; de que siendo más «sí mismo» ha estado en viviente comunidad con la naturaleza. Y esto también, ¡la naturaleza en la isla siempre es más dulce, más amiga, más prodigiosa!

De la isla se espera siempre el prodigio. El prodigio de la vida en paz, de la vida acordada, en una armonía perdida y cuyo lejano eco es capaz de confortarnos el corazón; de una edad en que ninguna palabra había sido aún prostituida, en que el trabajo era alegre siempre y el amor no arrojaba de su luminoso cuerpo la sombra de la envidia.

Y de ahí que la isla sea siempre evasión, lugar en donde queremos recluirnos cuando el espectáculo del mundo en torno amenaza borrar toda imagen de nobleza humana; cuando nos sentimos próximos a la asfixia por falta de belleza y sobra de podredumbre de todas clases. Entonces –¿quién no alguna vez?–, suspiramos por una isla.

Y todo esto –promesa convertida en regalo, signo de una vida mejor conservada como por un milagro, y lugar de evasión de este pavoroso mundo actual–, lo ha sido para mí, en grado máximo, la isla de Puerto Rico. Y a medida que el tiempo corra, el espacio donde la islita habite para mí, será, más y más, el espacio puro de la maravilla, el espacio aparte del espacio geográfico o físico. Y el tiempo que en ella viví será el tiempo fuera del tiempo en que tomamos contacto con algo vivo y puro a la vez, que nos permite seguir «conllevando» la fatiga, la fatiga por el desmentido que la realidad lanza a diario a nuestras creencias más hondas.

Mas, si esto ha sido así, ¿qué es entonces una isla? La imaginación popular, cuyos rasgos hemos diseñado ligeramente, ¿responderá a alguna realidad profunda? ¿Cuál ha sido en la historia el papel de las islas?

No sería de excesivo trabajo pasar las hojas del gran libro recogiendo lo que la cultura humana debe a las islas; a las islas del mar Egeo, allá en los días luminosos de Grecia; a las islas de las Antillas, cuando el mundo por obra de un genial visionario se hizo redondo. A las islas ante la adoración por la libertad que fue el Romanticismo. Y seguir luego examinando ciertos países que, por especiales circunstancias históricas y geográficas, han sido islas en realidad: tal España. La isla, más que península ibérica. Y cómo en los momentos de crisis históricas las islas juegan de nuevo un papel; el de ser imán que atrae la imaginación hacia algo primario, no corrompido todavía, de la naturaleza humana.

Sí, todo esto podría verse en las islas en general, pero yo prefiero ahora acercarme nada más que a esa isla de Puerto Rico, porque ella me ha hecho sentir lo que es una vida insular, porque en la maravillosa islita he vivido con la impresión imborrable de estar viviendo la realidad de un sueño, de encontrar, por fin, algo presentido, con toda su fuerza y toda su pureza: la fuerza de la realidad junto con la pureza de lo soñado.

Nostalgia de un mundo mejor

La isla es la huella de un mundo mejor... Hoy, esta imagen, «Mundo Mejor», se colorea de una cierta manera, porque toma un cierto contenido. La forma «mundo mejor» o «vida mejor» –categoría de una vida en pura nostalgia– serviría, entre otras cosas, para encontrar en cada momento histórico sus fallas originales; para dibujar, según lo que en ella se haya depositado, aquello de que ha carecido más, y por lo mismo, aquello que constituye la esencia de una época. Si los hombres hubieran tenido el cuidado de fabricar el dibujo de lo que han sentido por «mundo mejor», el contorno de sus nostalgias, sabríamos qué han sido verdaderamente. Pues lo que entendemos por «mundo mejor» es el resultado de una selección entre todas nuestras necesidades; es una selección, llevada hasta lo obsesionante, de nuestras miserias y faltas. El hombre es la criatura que se define por sus nostalgias más que por sus tesoros, por lo que echa de menos tanto o más que por lo que tiene. Y no dejará de estar alguna vez definida ante la historia una época, o una manera de entender la vida, que no lleve consigo ninguna nostalgia, o que lleve consigo la prohibición policíaca de toda nostalgia. ¡Qué cosa más grave cuando se nos impone vivir en un «mundo feliz»! ¡Grave si nos obligan a decirlo; más grave aún si de veras lo llegamos a sentir!

Las islas han jugado siempre un gran papel en esto del «mundo mejor». Concretamente estas de las Antillas lo fueron para el español de la época de Colón. Mundo mejor, que entonces se concretara en la riqueza; mas no en una riqueza cualquiera, sino en la riqueza de lo raro y exquisito. Primero fueron «las especias»; las especias que transmutan por virtud casi mística la pesadez de la diaria comida volatizándola. Las especias son la poesía de la comida, y el español ha hecho siempre poesía con lo doméstico. Y después de las especias, el sueño de lujo de un refinamiento sensorial. El español y el europeo del Renacimiento adolecían de pobreza, de rusticidad pavorosa en su vivir. Piénsese que Europa se hizo ascética y guerreramente en los duros campos de batalla y en los monasterios, y que hasta los palacios tenían mucho de las dos cosas. Estaba, pues, el europeo de entonces ávido de un despertar de los sentidos, apetecía antes que nada una cultura, el cultivo de la sensibilidad. Y todavía más el español, que en su lucha contra el árabe, de refinada cultura sensorial e imaginativa, se había visto forzado a rechazarla. Entonces las islas, las islas de las especias, de los árboles milagrosamente florecidos, del cielo inalterable, ofrecían la respuesta a este llamamiento profundo de una sensibilidad rezagada que quería ponerse al par de las otras potencias.

Mas, hoy, ¿qué vemos los europeos, y concretamente los españoles, ante esa promesa que sugieren las islas, estas islas, esta isla de Puerto Rico? La nostalgia que ante ella se dispara, ¿de qué es? Toda nostalgia cuando se dirige a algo se transforma en esperanza. ¿Qué nos hace esperar?

La nostalgia de hoy

La nostalgia es algo que nos invade el ánimo tan completamente que nos deja de momento sin poder definir su causa. El objeto de ella no aparece, como en otros estados de ánimo, clara y firmemente diseñado. La nostalgia borra primeramente los contornos de su objeto de tal manera que apenas parece tenerlo. Por eso es peligrosa. Mas si hacemos un esfuerzo, el objeto que la produce va saliendo de su sombra, se va diseñando lentamente, y con su claridad, con su presencia ausente, produce un ligero consuelo. Es el momento en que la nostalgia se ha salvado de ser desolación. Y si, después de tener ya en nuestra conciencia la figura de lo que ha causado la nostalgia, tenemos la fortuna de que vaya apareciendo al mismo tiempo otro objeto (tierra, país o persona) que parezca atraer hacia sí esa nostalgia, entonces la esperanza aflora lenta y nos va ganando, imperceptiblemente, para sí.

La nostalgia de los europeos de hoy es de todo, y, al serlo de «todo», puede fijarse en su pequeñez: en un perfume, en una cierta luz a la caída de la tarde, en una canción a medio recordar. Pero todo esto son trocitos de una manera de vivir, de una forma total de vida, ya imposible por ahora. ¿Qué ha cambiado? Porque tenemos la certidumbre de que ha cambiado todo; ya ni la canción sonará, y si la luz sigue, nuestros ojos no sabrían recogerla de la misma manera, no sería aquella luz ya imposible. ¿Qué ha pasado? ¿Qué nos han quitado?

Nos han quitado una forma de vida, un repertorio de cosas y de maneras, un «estilo», es decir: un sistema de atenciones y de desdenes, una unidad de razón y sensibilidad; una medida consciente y flexible.

Porque nada, ni lo más sensorial, cuando responde a un estilo, a una forma de vida, anda suelto, ni podría existir sin profundas conexiones. La canción es sedimento de una tradición musical arraigada, y el farol de gas concreta a la par un saber científico, una técnica y unas ciertas preferencias por determinadas formas. Y así todo. Y todo ha vivido abrigado por principios que por su firmeza han podido funcionar casi de incógnito. Y quizás haya sido esa su mayor gracia. Por principios protectores y rectores. Hay que recordar que los principios son lo que edifica, lo capaz de levantar y mantener en pie y al par cubrirnos; lo más hondo e invisible y lo más alto y luminoso.

Y estos principios que han regido la vida europea los podemos concretar ahora en unas palabras: Democracia y Libertad.

La democracia como estilo de vida

Muchos entienden, muchos de buena fe, que no hay motivo para tal nostalgia. La democracia, dicen, es una forma de Gobierno. Y así es ante todo: forma de Gobierno. Entonces, ¿por qué esa ancha, terrible, incurable nostalgia? Entre los venenos expandidos en la hora actual es, sin duda, uno de los más activos este de creer que en la vida humana todo es divisible y aislable. El veneno, el engaño terrible de hacernos creer que todo o casi todo puede suceder sin tener consecuencias. Y así una forma de Gobierno.

Pero si hemos visto que esta forma de Gobierno no es sino una de las manifestaciones producidas por principios más hondos y permanentes, una faceta de un total estilo de vida, entonces ya no es tan trivial el hecho de su desaparición. Y por disparatado que a primera vista parezca, resulta que está indisolublemente ligado a eso menudo y frágil que apareció primero como objeto de la nostalgia: el perfume, la farola de gas, la canción que apenas suena... Porque todo ello responde a algo más profundo, más verdadero que lo ha hecho nacer y lo ha mantenido vivo.

Principios y persona humana

Los principios son abstractos y abstracta parece también la democracia. Pero su abstracción es la que le ha permitido eso que enciende nuestra sensibilidad de hoy tanto como las materias preciosas al hombre del Renacimiento: la integridad humana. La entereza real, viva y concreta, del ser llamado hombre y que constituye su posibilidad de ser. Y esto: llegar a ser lo que se es no es un juego de palabras, sino la esencia misma de la vida humana.

Porque el hombre no nace de una vez. Su entereza consiste en que el Creador le ha dejado una capacidad, más bien una forzosidad, de ir forjándose su propia vida, su vida intransferible, y no la podrá hacer si no tiene libertad, un grano de libertad, para elegir lo mejor y hasta para equivocarse. Porque también somos seres de fracaso, de aprender en el fracaso; nada más fecundo que el fracaso parcial de quien no está dispuesto a fracasar por entero.

Y este tomar en vilo el peso de la propia vida, «diciendo sí y no como Cristo nos enseña», sólo puede darse bajo el régimen democrático que hoy tantos ven eclipsarse sin nostalgia. La democracia, que es la conciencia que tiene el Estado para detenerse frente a la integridad de la persona humana. El límite de los principios abstractos frente a la concreción real de la vida; y la actuación de eso insobornable que está en el fondo de cada cual para no doblarse por completo a nada, a nada de este mundo. Por eso constituye nada menos que la posibilidad de crear.

La creación humana nace de un fondo de íntegra soledad, de sagrada soledad podríamos decir. Soledad que ningún Estado de la tierra, ningún César, puede tomar para sí, puede reclamar. ¿Qué hizo Europa de esta verdad?

Si fuésemos a ver, en el fondo de todo totalitarismo está el terror del hombre a su soledad. La criatura totalitaria, infinitamente aterrorizada, se esconde de su propia soledad, se esconde de Dios. Y ya no le podrán llamar diciéndole: «¿Qué has hecho de tu hermano?», sino preguntándole: «¿Qué has hecho de ti mismo?». Es el hombre escondido, enmascarado, replegado, no sobre sí, sino hacia afuera. Hacia un afuera que se ha quedado también vacío.

Vacío de adentro y de afuera que le exasperan; de ahí probablemente su ansia irrefrenable de dominación. Ha destruido el sentido de las palabras agustinianas, aquellas que fortalecieran la conciencia del hombre al final del mundo antiguo, tan aterrorizado como el de hoy; las que le sacaron del espanto de sí, del pavor de su desamparo. «¿Qué buscas fuera? En ti mismo vuelve; en el interior del hombre habita la verdad».

En el interior del hombre... el totalitario se ha ido huyendo de este interior para destruirlo allí donde lo encuentra. No quiere encontrarse con él con el rostro serio, severo, infinitamente dulce de la verdad.

La soledad de la isla,
imagen de la humana

Y ahora ya, concretada así nuestra nostalgia, la terrible nostalgia de un estilo de vida que nos han quitado, nostalgia de nuestra soledad, la isla nos devuelve su imagen. El que vive en una isla tiene la imagen real de su propia vida. El amor, la ternura que la isla de Puerto Rico hace sentir (copo de tierra sobre el agua que milagrosamente flota, peso tan leve para tanta belleza), humaniza a esta tierra. La queremos como a una persona viva, a causa de esta imagen de su soledad. Soledad reforzada por su ligereza, por ese ocupar tan poco espacio, ese estar en la superficie del planeta pidiendo tan poco y ofreciéndonos tanto. Cada rincón de su tierra está cargado de belleza; nada hay quieto, muerto, estéril: todo vibra y se justifica en la gracia. ¡Tan sola y tan llena de sí!

Y una vida es esto también: soledad floreciente, soledad hacia fuera, que saca de su misterioso subsuelo la continua renovación de sus dones. Y el isleño de Puerto Rico lo sabe... Pero perdón, esta islita parece femenina, sugiere la feminidad a causa, tal vez, de esta fecundidad humilde, de este desbordar de su presencia, de este rebasar siempre sin cansancio ni soberbia.

Soledad, soledad fecunda y llena, como en espera siempre de ser consumida. Soledad abierta. Imagen de la vida humana en los instantes de gracia en que flota en equilibro entre la soledad radical, raíz de su propia existencia y el fuera, donde, llenos de nuestra interior verdad, vamos a buscar a los demás. Soledad rodeada por la vida. Oscura soledad que busca un ilimitado horizonte.

Se ha dicho que el isleño vive de los barcos que llegan, ya en temor, ya en esperanzas. Donde así sucede la vida se habrá vaciado. Mas, en Puerto Rico, he sentido la vida, a imagen y semejanza de su configuración, la soledad que sale de sí al encuentro del mundo, con fuerza y generosidad que llegan desde muy hondo; el milagro de la vida que flota sobre su raíz, bajo la ilimitación del mundo todo. El milagro de la integridad en equilibrio.

Esta imagen de la vida se llegó a incrustar en nuestra nostalgia. Lentamente la esperanza se abre paso ante una imagen tan clara. Y entonces la mente, libre ya, se pone en movimiento. Hay estados de ánimo que no dejan pasar, que mantienen a la mente encadenada alrededor de un punto fijo, de una obsesión. Tal la nostalgia. Mientras duramos en ella somos como ese pobre animal de ojos vendados que da vuelta en la noria; sacamos un hilillo de agua que alivia la sed y que no logra fecundarnos.

Mas, en la esperanza, nos echamos a pensar, y a veces, por parecernos escasa la velocidad del pensamiento, a soñar, a edificar de prisa castillos de sueños. De la quietud anterior nos disparamos hacia el porvenir que se nos ha abierto de pronto. ¿Qué nos mueve a esperar la isla de Puerto Rico? La fiel imagen que la isla nos da nos ha sacado de la nostalgia. Pero es algo más que una isla. Es ella, la isla de Puerto Rico, con un modo de ser, con un destino intransferible, como todo lo verdadero. ¿Nos atreveremos a diseñar en palabras lo que la mente, acompañada de la imaginación, ha recorrido por ese camino de la esperanza? En todo caso, será como una conversación, como todo lo anterior, con vosotros, amigos de Puerto Rico, cuyos nombres irán siempre entrelazados con esta nostalgia y esta esperanza mía, en la terrible hora presente.

II

Cuando la esperanza se dispara, recorre en sentido inverso el camino del pasado. Nuestra vida se alimenta más del pasado que del provenir, y, cuando se lanza a él, es para dibujar una línea compensadora de nuestros fracasos. Lo que esperamos, en realidad, es que se deshagan nuestros errores. La vida nos ha cogido a todos desprevenidos, y nadie está preparado para vivirla sino cuando ya la acaba. De ahí, el papel tremendamente importante de la tradición, el que la salud de un país esté condicionada por este funcionamiento de su esperanza sobre el cauce de sus fracasos. De ahí, también, la enorme gravedad de los regímenes que pretenden estar acertando siempre, y que imponen a todos los que bajo ellos viven la convicción sagrada de que jamás pueden fracasar. Lentamente, ante esta «perfección», se irá, sin duda, cerrando el camino de la esperanza, como a cualquier triste animal a quien el «perfecto» funcionamiento de sus órganos le mantienen sin ninguna actividad verdadera, sin libertad.

Y desde el fracaso de nuestro pasado de españoles y desde la angustia de nuestro presente de europeos, nace, surgiendo por sí misma, en secreto como siempre lo hace, la esperanza. La esperanza de un pasado mejor convertido en porvenir. La esperanza de que aquello que no fuimos, ni tuvimos, en el presente germine. Pues no podría ser esperanza auténtica la que no cuente con el presente, con lo actual. Por eso la esperanza corre al porvenir, porque quiere salvar al pasado y al presente juntos.

Y solamente así, con ancho amor sin rencores, abrazando al pasado y al presente, juntándolos en una salvación común, puede realizarse lo imposible. Lo imposible es salir de aquello de lo que la razón nos dice somos esclavos. Lo imposible es lograr por la fe, una fe que ensancha el espíritu y lo dispone a la concordia, salir de todas las antinomias en que estamos enredados.

La vida no podrá proseguir si todos nos obstinamos en tropezar, una y otra vez, con las mismas rejas. Sería la muerte. Y el peor suicidio de todos es el que se produce por falta de imaginación. Alguien ha dicho: «Todo el que se suicida lo hace por falta de imaginación». Tal vez no sea así, a no ser que llamemos suicidio a toda muerte estéril. Porque la imaginación es en gran parte instrumento de la fe en la realidad.

Durante todo el siglo pasado, y aun todavía, ha operado en las mentes la creencia de que la razón es el instrumento más adecuado a la realidad, ya que se tenía la venturosa creencia de que la realidad es racional. De esta convicción nos están sacudiendo hoy los pavorosos acontecimientos de que somos testigos y, en buena parte, protagonistas. No, la realidad –histórica, social, política– no es cosa racional. Mas por ello no podemos caer en el despeñadero de creerla puramente arbitraria. La realidad tiene un sentido que tenemos que ir captando de manera más concreta que la racional. Mientras no estén listas «las altas matemáticas de la historia» de que ha hablado un pensador actual, habrá que usar la imaginación para que nuestra esperanza pueda correr libremente por ese cauce de los pasados errores y de los actuales problemas. Al menos nuestra vida no quedará extasiada, detenida, esclava.

Fracaso del llamado Imperio español

Cuando un español llega a América, a algo más que a ganarse la vida, es decir, a vivirla íntegramente o a convivirla, comienza a sentir un dolor peculiar, y al deslizarnos en él encontramos enseguida una gran dosis de remordimiento. Es como una comprobación de ciertos terribles males que allá, en la España lejana, llegaron a matar la vida de lo mejor. Si la amarga experiencia no nos lo hubiera hecho saber, la América de habla española nos lo pondría ante los ojos con evidencia implacable. Todas nuestras incapacidades se hacen patentes y cobran un relieve tremendamente duro.

Comprendemos que este estado de angustia de un español ante la América de su habla hace unos años se estancara en angustia.

Hoy, tras la experiencia de la tragedia que acaba de vivir, el remordimiento no se queda detenido, porque debajo de todos nuestros fracasos ha aparecido el hombre español, en su integridad humana, en la entereza de que tan necesitado se encuentra el mundo.

Integridad, entereza, en la raíz, debajo de la misma conciencia a veces. El mal más grave de cuantos le suceden al español de España es su incomunicación con el pasado, su aislamiento de la tradición, su tremenda ignorancia acerca de sí mismo, de sus orígenes. Posee, sí, un gran tesoro, el tesoro de integridad humana bajo capas de profundísima ignorancia y neutralizado a veces por ella.

Y si tal sucede en el hombre español, en este hombre de habla española que, a la hora inexorable de la historia, hubo de cortar amarras con la raíz de donde viniera; en este hombre, y descendiendo de sus orígenes, el problema es todavía mucho más grave.

Puestas así las cosas, la cuestión parece afectarnos solamente a los españoles y a los que hablan español en esta unidad que los hombres del Norte han sabido captar más que nadie al llamarnos a todos substantivamente *spanish*. La gran unidad de idioma, de orígenes y de cultura; la unidad oculta y mal conocida, cuyo rastro hay que reconstruir, a veces penosamente, de todo un estilo de vida, de un encararse con todas las cuestiones que deciden la vida, hasta la misma muerte.

La crisis actual

Esto, sí, sería bastante grave. Pero sucede algo más. Sucede que el mundo actual se deshace al parecer; que nuestra nostalgia –ya lo dijimos al comienzo– no es únicamente de españoles, sino también de europeos; de europeos que sienten faltarles el cuerpo concreto, viviente de lo que aman. Los principios, se ha dicho muchas veces, no pueden desaparecer. Pero esto no basta, la vida exige que esos principios estén realizándose en alguna parte del mundo; mientras estamos vivos no podemos renunciar a no tener cuerpo. Y los principios, si lo son, es porque sostienen una movediza realidad. No podemos, no, conformarnos con la existencia de unos principios desasidos y flotantes; por el contrario tenemos que estar dispuestos a darlo todo para que actúen, siquiera sea en parte.

Es la manera positiva, la única fecunda, de vivir una crisis. Existen otras muchas que no llevan a parte alguna, y entre ellas la más peligrosa para los que son capaces de amor es el entregarse pasivamente al destino, al destino incompleto, puesto que el destino verdadero será el que resulte de nuestra actividad también. Es la «no resistencia» ante las fuerzas destructoras y el llegar hasta a reposar en el «desdoblamiento» de la cultura, de la tradición, conformándonos con la certidumbre de que ya nadie puede borrar lo que ha sido. En resumen: es tomar lo que está en crisis, la Democracia, el sistema total de la vida europea, como algo arqueológico, algo de inmensa belleza muerta, digno de ser contemplado, mas no de que por ello se luche, porque ya no tiene porvenir.

Y hay también otra actitud, la seductora, la de las almas toscas, de las conciencias fácilmente resignables a la desaparición de lo mejor. Es el cinismo, que consiste en decir «era demasiado hermoso para el hombre»; «no, no es posible, hay que aceptar su muerte y que es menester otra cosa más eficaz». ¡Más eficaz! Como si hubiera algo más eficaz que la continuidad, conservación y crecimiento de la integridad humana.

No; la única actitud realmente posible es la de volverse hacia nuestro interior, ahondar incansablemente en él hasta dar con ese tesoro que el hombre español supo hallar en su hora decisiva a pesar de todos los errores.

Mas, como ya se ha dicho, no todo se halla en el pasado. Del ayer nos ha de venir la fuerza. Pero estamos en hoy. Y en él, dentro del momento presente, la isla de Puerto Rico ocupa una posición de extraordinario realce. Su destino se diría que es de «primer orden», y casi en sentido inverso de su extensión territorial. En el orden de la cultura, de los valores espirituales, esto de la extensión territorial no es obstáculo. Y es más; puede ser una condición favorable para ello.

El destino de la islita nos parece que entra en una fase decisiva en que el hombre, su habitante, esa criatura íntegra, intacta, como residuo de un mundo mejor, se ve forzado a poner en juego todo su tesoro. Es un destino que le invita a poner en activo toda su generosidad; generosidad que consiste, como toda forma de amor, en renunciar, en cierto modo, a lo inmediato para llegar a la comprensión de algo más trascendente, más decisivo, que está ahí detrás de ese primer horizonte que nos lo encubre. Toda comprensión es obra del amor, y todo amor es una forma de renuncia a lo más cercano, a lo más propio; de tal manera que un pensador europeo ha podido decir con ese extremismo característico de Europa: «Amar es hacerse traición».

«Amar es hacerse traición» es, desde luego, una expresión exagerada. Pero deja ver, si la reducimos, o si la miramos como exagerada simplemente, deja ver que el amor consiste en cierta renuncia a cosas muy próximas, a lo primero que vemos y sentimos. No hay amor más que donde hay una cierta forma de renuncia. En el plano del conocimiento, sin la renuncia a lo sensorial no habría propiamente pensamiento. En el del amor humano, las formas más nobles han consistido en una renuncia a lo más inmediato, que ha hecho posible el fecundo idealismo amoroso. Y en el orden de las culturas, y aun de las formas políticas, toda universalidad ha sido a costa de ciertos olvidos en lo inmediato nacional. Y por mucha que sea la boga de los nacionalismos, nadie podrá persuadirnos de la nobleza de esta universalidad y aun de su mayor sentido práctico.

Y esto es lo que el destino pide al hombre de Puerto Rico, a la criatura humana que puebla esta isla, y que hizo transformarse en esperanza nuestra doble nostalgia de un «mundo mejor», del mundo perdido y del otro por hacer. Destino privilegiado, y, como todos los privilegios de verdad, lleno de difíciles deberes y aun de dolor.

Pero al dolor, a cualquier dolor que sea, le acompaña una clase sin igual de gozo cuando ponemos en ejercicio lo que hay en nosotros de más noble, de más verdadero. Los hombres, en verdad, somos mejores que lo que hacemos, porque pasamos la vida con lo mejor de nosotros mismos oculto en obscura mina.

Porque es condición de lo mejor el tener que ser llamado para salir a la superficie y ponerse en ejercicio. De ahí el hecho de las vocaciones; lo mejor y más noble, para actuar a la luz del día, necesita ser llamado, «vocado», mientras lo peor se abre camino solo. Toda nobleza, generosidad o amor necesitan ponerse en pie por obra de alguna «mano de nieve», por obra de la mano de la gracia.

Y cuando tal sucede en un pueblo, cuando tal es la demanda de su destino, y la acepta íntegramente, ha alcanzado la más alta nobleza histórica, se ha universalizado.

Tal sucede con la isla de Puerto Rico. Y el haberlo intuido será seguramente la causa del hondo amor que se hace sentir. Sí, se la ama casi como a una persona porque se la siente elegida en su soledad de isla, para que sirva, con su leve masa y su delicado cuerpo, a una empresa de radio universal. Pero no la podrá servir sino es con su propio ser; su ser que consiste en su tradición y su presente. Tradición española, presente americano.

Necesidad de un
panamericanismo verdadero

Tradición española, presente americano. De las dos, justamente de las dos nace la exigencia de su destino, la forzosidad de su concreto y hermoso quehacer en la trágica hora actual.

Misión que sería reconciliadora, pacificadora. Pero cualquier reconciliación, para ser verdadera, ha de hacerse desde adentro. Para verificarla es preciso siempre retroceder, ir hacia atrás buscando un origen común y vivo. La paz, la paz efectiva, hay que buscarla siempre en los estratos más hondos, que se han desdeñado; en realidades que, a causa de su profundidad, no han entrado en la contienda porque no pueden contender por su esencia. Bajo toda discordia y discrepancia, que no sea irremediable, permanece un fondo común a los contendientes, neutro. Neutro, pero no estéril; algo capaz de engendrar, una raíz en suma. Pues únicamente la unidad nacida así tendrá validez para apaciguar, sólo ella será eficaz.

Esta reconciliación es, sin duda, la de las dos Américas. La unidad necesaria hoy más que nunca, en cada instante más urgente. Unidad de propósito y destino; unidad de espíritu y acción.

Da un poco de temor –hemos de confesarlo– hacer la afirmación que acabamos de hacer. Mucho se ha hablado de esta unidad de las Américas, mucho también de la unidad de la Hispana con España. ¿Quién no recuerda los discursos, más o menos afortunados, a veces rayando en el ridículo, a los postres de algún banquete, y los ritos diplomáticos al pie de la estatua de Colón? Banderas, salutaciones, mustias coronas de flores, palabra... palabras; palabras olvidadas no más pronunciadas, sin ningún valor actuante.

Y hoy ya no es la hora; no es la hora de banquetes ni de ritos ni retóricas. Sonaría a burla. Es la terrible hora del peligro, de angustia y desesperación y esperanza. Es la hora de la verdad.

Y por ser la hora de la verdad no puede ni un instante más hurtarse esa necesaria reconciliación de las dos Américas. Que el hombre americano nacido en cualquier parte de este hermoso continente, al enfrentarse con el de otra, se sienta dispuesto a entrar en una obra común. ¿Con qué cuenta para ello? Y ¿cuál es esta obra común?

La América hispana y su raíz

Hablábamos del fracasado Imperio español. Pero el fracaso de un Imperio, que es el de un Estado, no es el fracaso de una vida. Tal vez a España le quedó, bajo su Imperio y bajo su Estado, lo mejor. Tal vez la substancia española no sea propiamente «de este mundo». Queremos decir que, tal vez, la virtud propia de lo español no sea producir Imperios ni Estados, ni estructuras de poder alguno. Que su genio estribe en alguna otra cosa. Y así, mientras el Estado –el imperial y el otro– se encuentran deshechos, esté más llena de vigor que nunca, más en trance de crecimiento que jamás, lo que no llegó a organizarse de ninguna manera bajo ninguna forma estatal. A esto nos referimos al hablar de la raíz española, raíz que tanto vale para España misma, en su modesto territorio, como para la amplia tierra por ella descubierta y poblada, para la tierra fertilizada por su sangre y su palabra.

Y en esta raíz de lo español originario, fracasado a causa de su nobleza, está la fuerza del hombre que hoy tiene que hacerse cargo de la más noble herencia del mundo. Noble herencia que desde los tiempos de Grecia ha hecho posible el nervio de la cultura occidental: la creación humana. Herencia que, a través de los vaivenes de los siglos, no ha dejado de ser esto en su esencia: objetividad de pensamiento y amor. Objetividad y amor que hacen posible la existencia de un mundo habitable.

Pero tal mundo habitable está hecho por hombres libres y para hombres libres, por y para la persona humana. Ella es hoy la víctima, la sentenciada a muerte, la esclavizada y perseguida, la que se pretende aniquilar.

Y séanos permitida la alegría de afirmarlo. Si lanzamos una mirada a esa raíz española, y a sus mejores frutos, al margen del Estado, vemos y sentimos de modo inequívoco a este ser humano íntegro, entero, en posesión de su libertad, de su albedrío concertado con la razón. A este hombre que se quiere mutilar y destruir, en todo el esplendor de su presencia, de su fuerza. Es la criatura humana que prefiere, antes que la propia vida individual, la dignidad y la justicia, que cree en la libertad esencial. Es el de la mejor tradición española en sus dos caras: la estoica y la cristiana.

No sería a esta raíz a la que tendría que retroceder el hombre americano de habla española para encontrarse precisamente con su hermano, el del Norte? ¿No sería a ella donde tendría que ir para encontrarse a sí mismo, para entrar en la plenitud de su entereza, para ser íntegramente lo que tiene que ser?

Liquidadas por completo las luchas con la España Oficial, con el Estado español, ya no existen cuestiones entre España y los países americanos. Y el aceptar esta tradición para vivificarla, el asegurarse en este luminoso pasado, nos es necesario al mismo tiempo a americanos y a españoles. Ya no se trata de padres e hijos, sino de seres que tienen una misma raíz, un mismo ser enterrado en el olvido. Y este ser oculto, escondido, es quien nos ha de dar fuerza y lucidez para salir de la crisis gravísima del presente. Porque es la herencia, la herencia inajenable, la herencia que no podemos dejar caer.

Puede parecer extraño en un instante que algo sea a la vez raíz (como toda raíz oculta siempre) y la empresa a realizar. Pero ¿la historia no es así? La criatura humana ¿no es así? ¿No hemos de defender lo que más somos para que no nos lo destruyan, para no destruirlo nosotros mismos en nuestra floja inacción? Sólo que existen épocas en que es permitido cierto vagar, en que son posibles ciertos dispendios, ciertos olvidos e ignorancias. Después llegan otras, tiempos de rigor, en que necesitamos la actualidad de todos nuestros tesoros, el saber poner en juego todas nuestras más íntimas riquezas, en que tenemos que excavar en nuestro pasado para que no se nos arrebate nuestro porvenir.

La fuerte América

Esto sí tiene la América española. Mas la otra, la del Norte, tiene igualmente su raíz en algo muy noble de la vieja Europa; tiene también su tradición en la autonomía y libertad del ser humano, ligada a su eficacia; en suma a la acción. Y tiene, además de su tradición, sobre ella, su desbordante fuerza, sana, diríamos que todavía por estrenar en la integridad de su magnitud. Tiene el ancho espacio de la historia por delante, que la invita a recoger lo mejor de la vida europea y sostenerlo, a hacerse cargo casi materialmente de lo que hizo su grandeza: la creación científica y literaria, y las condiciones morales que la hicieron posible. Y la misión tremenda de velar por todo ello; de no permitir que el ser humano se hunda, regrese a la obscura cueva de sus pasiones, que se convierta en conglomerado de pasiones e impulsos nada más. No permitir, en suma, con su ingente fuerza, que una era obscura de barbarie se adueñe de nuestro cada vez más pequeño planeta. Hasta ahora Norteamérica ha sido el coloso que ha ido creciendo rebosante de su propia fuerza. Hoy ya debe saber para qué la necesita, y debemos felicitarnos de que la tenga en tan buena medida.

La obra común

La obra común, después de lo dicho, se diseña claramente. Coincide la petición de la hora histórica con el tesoro casi inédito de ambas Américas. Mas, no nos engañemos pensando que, por haber llegado con tan gran facilidad en nuestros pensamientos, se llegará en la realidad de igual manera. Al pensar hemos ido buscando los puntos felices de coincidencia mas, no hemos señalado las dificultades: la ignorancia de sí, del propio destino, la pereza por aceptarlo, y sobre todo, el peor enemigo de esta hora: la tentación de dejarse arrastrar por lo que aparentemente triunfa, menospreciando lo que aparece fracasado.

De los males de América, de las Américas, quizá ninguno más grave que el culto denodado al éxito, lo que se puede llamar la religión del éxito. Adoración, culto que deslumbra la mirada y la impide reconocer la belleza de lo que quedó semiapagado, pero luciendo con luz propia e imperecedera. Hasta ahora, esta religión ha parecido ser la mejor para el bello continente, porque vivía confinado en su propia inocencia. Porque sólo tenía, en realidad, que hacer lo que hacen los niños y los adolescentes: crecer.

Hoy entra en su edad adulta, en su mayoría de edad, puesto que se le dice que haga, que actúe, que emplee su fuerza en una empresa salvadora. El culto del éxito ya está dejando de servirle, porque le impide, en primer lugar, ver con plenitud y con claridad qué es lo que hay que salvar; porque le impide reconocer lo mejor; lo mejor amenazado fuera y aun dentro de su propia vida.

La religión del éxito es la religión de los resultados, de los productos; y lo que ahora está en trance de vida o muerte no son los resultados sino los principios; no los productos, sino la capacidad de producir, no el logro sino la posibilidad que los ha engendrado... América tienen que comprenderlo así; tiene que aceptar rápidamente, y con su entusiasmo característico, este nuevo culto que le exige más, mucho más esfuerzo y heroísmo que el anterior.

Y todo, todo parece conspirar para que esta pequeña isla, esta leve islita de Puerto Rico, cuyo peso tan poco fatiga a ese gigante que sostiene sobre sus espaldas la tierra, sea el lugar donde todo ello se cuaje. La reconciliación entre el hombre hispánico, rico en su fracaso, y el hombre poderoso del Norte; la comprensión clara de la obra a realizar, conciencia y entusiasmo para la aceptación del difícil destino. El lugar, la sede de un acontecimiento universal por su trascendencia, ineludible por su necesidad. ¡Algo más que nación, mucho más que nación, isla de Puerto Rico! Como España ha sido, es, algo más que esa pesadilla del Imperio.

La Habana, julio de 1940

Índice

Islitas de esperanza
Terra ignota et locus amoenus homini   7
   –Rogelio Blanco Martínez

23   Isla de Puerto Rico
29   I
      Isla   31
      Nostalgia de un mundo mejor   35
      La nostalgia de hoy   37
      La democracia como estilo de vida   39
      Principios y persona humana   41
      La soledad de la isla, imagen de la humana   43

47   II
      Fracaso del llamado Imperio español   53
      La crisis actual   55
      Necesidad de un panamericanismo verdadero   59
      La América hispana y su raíz   61
      La fuerte América   65
      La obra común   67

Índice

www.ingramcontent.com/pod-product-compliance
Lightning Source LLC
Chambersburg PA
CBHW070816280326
41934CB00012B/3200